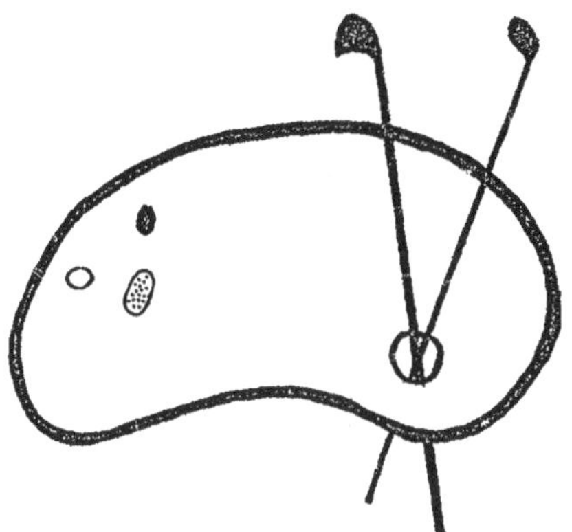

COUVERTURE SUPERIEURE ET INFERIEURE
EN COULEUR

LA FRANCE
ET L'ITALIE

HIER - AUJOURD'HUI - DEMAIN

CONFÉRENCE DONNÉE À FLORENCE
À LA
SOCIÉTÉ LEONARD DE VINCI
LE 25 NOVEMBRE 1916
PAR
A. Augustin REY
Membre de la Société d'Économie Politique de Paris

Deuxième édition

PARIS
Jules MEYNIAL, Éditeur
30, Boulevard Haussmann
1917

De M. A.-AUGUSTIN REY
(Jules MEYNIÀL, Editeur)
PARIS

— 1915 —

La guerre et les signes précurseurs d'un grand Hiver. *Paris, 15 septembre 1915.* — Brochure in-12°.

Le nouveau Savonarole de l'Italie en armes. *Paris, 1915.* — Brochure in-12° (épuisé).

Les glorieux mutilés de la France. *Paris, 1915* (par *A.* et *M. R.*). — Brochure in-12° (épuisé).

Le Monténégro à travers l'histoire. *Paris, 1915.* — Brochure in-12° (épuisé).

— 1916 —

Les Grandes Pensées de la France à travers ses Grands Hommes. *Paris, 1914-1916,* Ire partie, sixième édition. Brochure in-12° (épuisé); IIme partie, cinquième édition. — Brochure in-12°.

La question des Balcans devant l'Europe. *Paris, 1916,* Ire et IIme parties, septième édition — in-12°.

La Pensée Française et la Libération des Peuples. — Fragments. — *Paris, 1916* — in-8° (épuisé).

La Pologne — Son long martyre. *Paris, 1916,* dixième édition. — Brochure in-12 .

Un Grand Prophète: Victor Hugo. *Paris, 1916,* huitième édition — in-12°.

Discours prononcé à la Séance de Clôture de la Conférence des Nationalités, 29 Juin 1916. *Paris,* dixième édition — in-12°.

— 1917 —

La question d'Orient devant l'Europe. Constantinople et les Détroits. *Paris, 1917,* Ire et IIme parties, troisième édition — in-12°.

La Politique d'un Grand Tzar: Nicolas II. — Fragments. — *Paris, 5 Février, 1917.* — Brochure in-12°.

La Réveil de l'Islam, est-il possible ? — La Politique des Alliés. — Fragments. — *Paris, 1917.* Troisième édition — in-12°.

Constantinople Russe. Couronnement de l'Edifice politique |de la Nouvelle Europe. — *Paris, 1917* — in 12°.

La Russie et la Révolution. *Paris, 20 Mars 1917.* Quatrième édition — in-12".

Les paroles de Napoléon. — Le Moraliste — L'Organisateur — L'Homme d'Etat — Le Patriote — Le Libérateur. — *Paris, 1917,* — in-12°.

La Langue Française, Langue de la Liberté. — *Paris, 1917* — in-12°.

LA FRANCE
ET L'ITALIE

HIER - AUJOURD'HUI - DEMAIN

CONFÉRENCE DONNÉE À FLORENCE
À LA
SOCIÉTÉ LÉONARD DE VINCI
LE 25 NOVEMBRE 1916
PAR
A. Augustin REY
Membre de la Société d'Économie Politique de Paris

Deuxième édition

PARIS
Jules MEYNIAL, Editeur
30, Boulevard Haussmann
1917

LA PAIX ET LA CIVILISATION DU MONDE
DÉPENDENT DE LA LIBÉRATION DES PEUPLES

★

L'ORDRE SOCIAL NE SERA ASSURÉ
QUE PAR LE RESPECT
DU PRINCIPE DES NATIONALITÉS

Je sens tout le prix d'être au milieu de vous à ces heures héroïques où l'Italie et la France luttent ensemble pour le triomphe de la civilisation.

La Société Léonard de Vinci, qui m'a fait l'honneur de m'inviter à cette place, a récolté comme en un vase précieux les intelligences les plus dignes de ce pays, les hommes d'élite dont s'honorent l'Italie et la Toscane, héritiers des génies immortels qui ont fécondé le monde aux périodes inoubliables de son histoire.

Conservatrice des traditions de la ville de Florence, dont l'histoire dramatique et grandiose palpite à travers les âges, votre Société a réalisé l'union des intelligences qui descendent de la lignée des plus grands esprits et des plus grands artistes dont l'Italie, à si juste titre, est fière, et qui maintiennent toujours plus haut le flambeau de la Justice et du Progrès.

Son Président, avec cette délicate modestie
qui est la sienne, à la tête de toutes les ini-
tiatives, de toutes les charités, et surtout de
ces œuvres d'assistance civile qui sont une
des gloires de cette grande cité, est comme
l'emblème de cette activité que vous faites
rayonner partout autour de vous, Mesdames et
Messieurs, pour soulager toutes les misères et
toutes les souffrances actuelles.

Léonard de Vinci, ce Prince de la Pensée
de tous les temps était Toscan, comme Dante,
comme Pétrarque, comme Galilée, comme tous
ces immortels artistes qui ont jeté sur le monde
à profusion la lumière éblouissante de leur
génie.

Fils de cette terre toscane, si merveilleuse-
ment belle et douce, Léonard domine plus que
jamais de sa haute stature l'histoire de l'esprit
humain, dont il a été un des plus beaux fleu-
rons. Il était maître dans tous les arts, dans
toutes les sciences; rien de ce qui est d'essence
divine dans l'homme, et par là domine la matière, ne lui était étranger. C'était un des esprits
les plus libres qui ait jamais existé: il était
en un mot le prince de la Vie.

Quel symbole des aspirations universelles est
ce géant, né du sol fécond de la Toscane, dont
toute la lumière semble s'être incarnée en lui!

Ce qui nous ramène aujourd'hui avec émotion, nous Français, vers la Pensée sublime de ce Toscan de génie, c'est qu'après avoir donné à sa Patrie le plus pur de lui même, il alla vers la France, avec cet instinct merveilleux qui le güida toujours, vers cette France soeur de l'Italie, et lui consacra avec l'amour ardent qu'il mettait en toutes choses, les dernières années de sa vie.

Reçu comme un souverain, – ne l'était-il pas en réalité, – par un Roi qui avait pour l'Italie presque la vénération d'un fils, cet illustre enfant de la terre toscane sut témoigner à notre pays cette dévotion et cette fraternité, dont aujourd'hui nous récoltons les fruits bienfaisants. Il avait jeté une semence que l'on voit aujourd'hui immortelle !

Dans cette enceinte où le nom de Léonard de Vinci personnifie la gloire impérissable de l'Italie, qu'il soit permis à un Français, ami chaleureux et ardent de votre pays, de saluer ce génie toujours vivant qui représenta, il y a plus de quatre siècles déjà, dans toute sa splendeur, l'alliance intime de nos deux Peuples, de nos deux pays, et de nos deux Nations !

Les noms de France et d'Italie résonnent dans l'Histoire du monde comme un accord, car l'une est la Patrie de toutes les libertés, l'autre la Patrie de toutes les beautés ! Et c'est en se tenant par la main qu'elles ont entraîné le monde après elles et à travers les siècles, vers l'art, vers la civilisation, vers la justice, vers le progrès, vers la liberté.

Plût à Dieu que ces tribus du nord, restées, malgré une civilisation superficielle, toujours inquiétantes, que ces peuplades germaniques eussent été à temps imprégnées par l'influence latine ! Nous n'assisterions pas aujourd'hui à l'ouragan dévastateur qui s'est abattu sur l'Europe par la volonté seule de cette race maudite des Hohenzollern.

Que serait devenue, je vous le demande, l'histoire du monde, sans l'Italie, sans la France ! Dans quelles ténèbres de barbarie et de matérialisme effroyables ce Continent n'aurait-il pas été définitivement plongé !

L'Europe, quelle n'a pas été sa longue et douloureuse histoire ! Quels n'ont pas été les secousses tragiques et gigantesques du vieux Continent où s'est élaboré lentement, comme en un immense creuset, le sort de l'humanité tout entière !

L'histoire ne paraît-elle pas parfois infiniment complexe lorsque l'on s'en tient aux actes extérieurs de la vie des peuples. Mais quand on en pénètre la profondeur, n'est-on pas frappé par la suite logique des événements et ne voit-on pas, comme en chaînons mystérieux, se relier les uns aux autres, tous les faits de l'histoire. Fils conducteurs de la vie des peuples, révélateurs des causes cachées qui dirigent le monde, c'est à nous de les découvrir et de les expliquer.

Les différentes formes de gouvernement se succédant comme inexorablement, les révolutions, même violentes, dont le chaos parfois si obscur se manifeste par le bouillonnement des événements, ne sont cependant que des épisodes dans l'histoire des peuples, comme les joies et les douleurs ne sont que les lumières et les ombres dans le cours de la vie des individus.

Malgré tout la destinée des Nations civilisées continue en une marche progressive, fidèle à une invariable direction de justice qui conduit, en définitive, les événements ici-bas.

C'est Napoléon qui a dit :

« L'Europe est poussée au progrès par un « développement historique infaillible qui règle « son avenir. Des oscillations, des écarts peu- « vent survenir, jamais au fond de reculs défi- « nitifs. »

L'histoire de l'Italie et l'histoire de la France, hier, aujourd'hui et demain, ont toujours été les plus passionnantes de toutes, car elles portent en elles mêmes la vie et l'avenir de toutes les civilisations. Aucuns peuples n'ont davantage senti et réalisé, jusque dans leurs plus intimes profondeurs, la beauté et l'intensité de la vie ; aucuns peuples n'ont davantage créé, vécu, lutté, souffert !

Il n'y a pas de peuples qui aient plus droit à la vie et à l'expansion, car c'est à cette puissance de création, à ce souffle qui les porte en avant, que le monde doit les plus immortelles manifestations de l'esprit humain.

Et c'est cette flamme de génie que le Germain, demeuré implacablement barbare, jalouse. Comme quelque peuplade immense de nains fantastiques, ricanant dans l'ombre, restés fidèles à leur sombre mythologie, ils bavent sur cette civilisation de l'esprit qu'ils ne peuvent atteindre, et ne sachant l'égaler, ils veulent l'écraser et la détruire. Volontiers, de leur haleine empoisonnée, ces nains hideux souffleraient sur ce flambeau à deux branches resplendissantes, la France et l'Italie, mais protégée par toutes les lumières radieuses du ciel, cette flamme latine ne peut et ne pourra jamais s'éteindre, et c'est elle qui les consumera !

Et ce n'est pas d'aujourd'hui que nous voyons ces barbares dévastateurs du nord prêts à arrêter net le développement toujours plus large, toujours plus puissant, de notre civilisation.

Ce n'est pas seulement depuis la guerre qu'elle a déchaînée sur l'Europe, que la poussée envahissante de ces chefs prussiens, voulant tout subjuguer par la force brutale, s'est manifestée, s'est organisée, mais depuis le début de son histoire.

Cette puissance de destruction raffinée, armée
d'engins monstrueux, que sa science infernale
préparait dans l'ombre sans trève, a toujours
eu, comme rêve criminel, d'arracher à l'humanité ses croyances et son idéal !

**Napoléon, ce fils de la Révolution, qui en a
été la plus grande gloire, l'avait enfin compris.
Vous vous souvenez des paroles qu'il prononça
à Tilsitt :**

**« Il est dans mon système d'affaiblir la
« Prusse : je veux qu'elle ne soit plus une
« puissance dans la balance politique de
« l'Europe. »**

Quelle parole prophétique de ce grand Chef
d'Etat puisque l'on voit aujourd'hui, après
cent ans d'intervalle, l'Europe coalisée obligée
de reprendre la politique de Napoléon, et de
combattre pour l'anéantissement de l'hégémonie militaire prussienne.

La poignée de Chefs prussiens qui gouvernent
en autocrates absolus ces peuples germaniques
n'est-elle peut-être pas, dans sa grossière enve-
loppe, le reste de cette race indigène préhisto-
rique qui occupait à l'époque quaternaire les
bords tourmentés de la Baltique ?
Vivant jalousement dans la barbarie la plus

complète, ne se refusa-t-elle pas à se mélanger aux peuplades ariennes qui déferlaient sur l'Europe, en vagues impétueuses, se succédant sans arrêt, et en dernier lieu à la branche slave, qu'elle devait exterminer sans pitié plus tard !

L'inextricable mélange de races qui compose les populations de la Prusse actuelle, et où le Slave, le Polonais, le Finois, le Danois dominent, a empêché, grâce aux administrations prussiennes qui se sont refusées à dresser les cartes ethnographiques du royaume de Prusse, de donner à l'hypothèse hardie que nous émettons un appui scientifique décisif. Mais malgré l'absence systématique de ces documents, fait des plus graves et qui pèse lourdement sur la prétendue loyauté de la science allemande, la vérité sera mise au grand jour.

Les horreurs accomplies dans toutes les guerres fomentées par la Prusse, par cette race de Chefs maudits, et qui sont sinistrement résumées dans la guerre actuelle, ont réveillé enfin les plus grands soupçons sur l'origine de cette race sauvage. Il ne s'agira plus aujourd'hui de se payer de mots vagues. La précision scientifique sera apportée à la solution de ce problème fondamental pour la Paix du monde, car traquée, découronnée, extirpée, leur hégémonie aura cessé, et la formule de la guerre pour la guerre aura subi un échec définitif.

De quelle origine est cette poignée de sauvages sataniques, de cruels chefs teutoniques qui déshonorent à cette heure l'humanité tout entière ? Quelle est leur famille anthropologique ? D'où viennent ces hommes à la cruauté féroce, froide, et méthodique, ces êtres « aux têtes en dôme », comme des observateurs sagaces les désignent ?

Les recherches anthropologiques minutieuses nous permettront à nous, les prochains vainqueurs, d'imposer à ces abjects vaincus les plus minutieuses investigations. Il s'agira de désigner homme par homme, ils ne sont peut-être pas plus d'un million de familles, ces monstres qui ont fait reculer de vingt siècles la civilisation européenne !

Ces êtres cruels, insatiables de domination brutale, ne respectant plus rien au monde, écume de l'humanité du nord de l'Europe, devront être déracinés et leur puissance anéantie sans pitié.

Le milliard et demi d'êtres humains qui veulent enfin organiser le monde pour la paix, peuvent bien se passer maintenant de ces hordes prussiennes restées en marge de toute l'humanité et qui n'ont jamais voulu apprendre à se civiliser.

L'histoire est un des plus purs aliments du patriotisme. Comme l'a dit Fustel de Coulanges : « Le véritable patriotisme ce n'est pas l'amour du sol, c'est l'amour du passé, c'est le respect des générations qui nous ont précédé ».

Avoir le véritable orgueil de son histoire est pour un peuple la base même de l'idée de Patrie. L'Histoire n'est pas, comme on l'a dit trop souvent, une description anatomique de tout ce qui est mort ; c'est au contraire la recherche ardente de tout ce qui reste vivant à travers les siècles disparus et qui se relie intimement par des liens mystérieux à l'époque présente.

L'histoire de France et d'Italie qui s'est développée si majestueusement à travers les siècles, a cependant, pour chacun de ces deux pays, ses caractéristiques très distinctes.

La France se personnifia dans ses abbayes, dans ses cathédrales, véritables géants de pierre, dans ses Hôtels de Ville, où s'exprimaient à la fois l'âme religieuse et l'âme héroique du Peuple. Elle raisonnait sur les textes d'Aristote et des philosophes grecs, avec la même passion et la même aisance qu'elle commentait les Pères de l'Eglise, ou écrivait des chansons de gestes.

Et pendant ce temps-là l'Italie donnait au monde le flambeau de son grand art et l'expansion de son commerce. Pise, Gênes, Venise rivalisaient sur les mers. Poètes, grands politiques, architectes, peintres, sculpteurs, faisaient resplendir aux yeux du monde émerveillé, la couronne inouïe de leurs œuvres uniques et inimitables. S'élevaient alors ces impérissables cathédrales de marbre de la Toscane et ce Campanile de Giotto, une des perles les plus pures de l'Italie, donc du monde entier !

.Ainsi la France et l'Italie, sœurs dans l'intelligence, dans l'art, sœurs dans le génie, offraient à l'admiration universelle tous les produits d'une civilisation déjà si avancée, et faisaient rayonner sur le monde la lumière qui devait le réchauffer et l'éclairer. Mais à cette époque là, messieurs, de toutes les splendeurs de son génie, l'Italie dominait le monde !

Permettez-moi ici de m'élever avec la plus vive indignation contre les actes abominables de destruction accomplis par nos ennemis, les ennemis de l'humanité, sur les monuments les plus glorieux, vrais patrimoines sacrés de l'Humanité. Ils ont été dénoncés avec une éloquence entraînante par la Société Léonard de Vinci, à la barre du Tribunal de l'Histoire.

Les armées de l'Allemagne, les armées de l'Autriche, sont les armées de la barbarie.

Les crimes accomplis sur les monuments à Louvain, à Malines, à Dinant, à Ypres, à Reims, à Arras, dans toute la Pologne et la Serbie, le Monténégro, la Roumanie, sur les monuments d'Italie, à Ravenne, à Rimini, à Ancone, à Padoue, enfin à Venise, sont les

crimes de la haine, les crimes de races dé-
chues !

En bombardant, en démolissant, en rasant,
plus de trois mille Eglises Chrétiennes, – et ils
continuent à l'heure actuelle cette besogne mons-
trueuse, – ces armées ont renouvelé les horreurs des pires barbares de l'antiquité, leurs
ancêtres, et le nom seul qu'un de vos historiens
Ferrero leur donne, « les Huns du XXe siècle »,
les déshonore à jamais devant l'Histoire.

Ce qui a perdu Reims c'est qu'elle était
trop belle ! Car pour le Barbare ce qu'il haït
le plus c'est la beauté !

Le sourire de Reims, mais c'était celui de
toute la France !

Dans leur aveuglement et leur fureur mons-
trueuse, ils ont massacré les triples porches
en dentelle royale, avec leurs tympans merveilleux, les rosaces flamboyantes aux mille
arceaux, les clôtures ajourées aux colonnet-
tes gracieuses et fines, les gables sculpturés
jusqu'au sommet, les frontons et les frises
monumentales encadrant la fière famille des
Rois de France, les clochetons ajourés par cen-
taines, les tours, les plus belles du monde,
se détachant élégamment sur le ciel. Ils ont
abattu, décapité, pulvérisé, sous leurs canons
de lâches, plus de six cents des grandes sta-

tues de Reims, qui étaient pour nous notre Parthénon d'Occident.

Puis, par des bombes incendiaires, ils ont allumé le grand bûcher qui a tout consumé et fait écrouler les voûtes devant la statue de Jeanne d'Arc qui, comme par un miracle, resta intacte et impassible devant la fournaise, car Jeanne sait que la France est Immortelle !

Qu'ont-ils fait à Venise, à Ravenne, à Vicence ! Vous le savez tous, des attentats criminels aux plus beaux monuments, l'effondrement de nefs d'Eglises incomparables ! Des bombes jusque sur la Place St Marc menaçant presque les plus grands chefs-d'œuvre de l'Art Monumental du Monde entier !

Deux exemples méritent encore d'être cités ici. Les barbares, nous le savons maintenant, avaient prévus en France la destruction totale du Château de Versailles, ce joyau du grand art monarchique, en le rasant jusqu'aux fondations. En Italie, ils visaient le bombardement, l'incendie, l'écroulement total de la Cathédrale de Milan !

On sait que dans Florence même, les dignes compatriotes du Prince de Bülow, avaient préparé des plates-formes aux bons endroits, et qu'ils avaient visé le Dôme, le Baptistère, le Campanile, cette merveille des merveilles !

En face de ces horreurs une sanction s'impose.

Il faut que dans les indemnités formidables
que ces êtres maudits mettront peut-être cin-
quante ans à payer, sou par sou, aux Alliés,
une part soit attribuée nominalement à chacun
des plus importants Monuments détruits, qui
formaient le patrimoine de l'Humanité tout entière, et qui seront restitués dans leur inté-
gralité.

Pour Reims, et c'est la proposition que j'ai
faite à mon Gouvernement, ce sera cent cin-
quante millions de francs ! C'est l'estimation
des dégats à inscrire dans l'indemnité de guerre,
vis-à-vis de la France. Il doit être spécifié devant
le monde que cette somme sera affectée à la re-
construction de la Cathédrale de Reims, bom-
bardée, décapitée, pulvérisée et incendiée par
les Allemands en l'an de grâce 1914 !

Pour Louvain, pour Malines, pour Dinant,
pour Ypres, pour Arras, pour la Pologne, pour
la Serbie, pour le Monténégro, pour la Roumanie, il devra en être de même.

Pour l'Italie, enfin, sa couronne resplendis-
sante de monuments sera reconstituée, et des
indemnités spécifiées nominalement pour la re-
construction et la restauration de chaque édifice
important, devront être inscrites et gravées à
perpétuité sur les tables d'airain de l'Histoire du
monde.

Voilà sous quelle forme définitive doivent être
prises les sanctions que nous exigeront des

barbares qui ont dévasté l'Europe, en s'attaquant à nos plus immortels chefs-d'œuvre, à ce patrimoine de gloire et d'art qui n'appartient pas seulement à nos nations, mais aussi, à l'humanité! En y touchant, avec leurs mains maudites, c'est à l'humanité tout entière que ces Vandales doivent rendre des comptes !

❀ ❀ ❀

L'Entente latine contre l'invasion germanique es aujourd'hui plus impérieuse que jamais. C'est à nous à élever de nouveau de nos mains fraternellement unies, cette haute muraille latine véritable barrière de la civilisation, contre cette marée germano-mongole, toujours menaçante et prête à s'élancer hors de ses frontières et à tout submerger.

De tous temps les latins ont été menacés par les invasions germaniques. César n'était il pas continuellement occupé à consolider la barrière contre les hordes qui voulaient envahir l'Empire. Et s'il s'appuya sur les Gaulois il y a deux mille ans déjà, c'est que ces derniers savaient comment on écrase les barbares !

L'Empire succomba, mais à travers les siècles sombres qui succédèrent avec des éclaircies rapides, la puissance morale des Latins devait reprendre lentement, mais inéluctablement, une revanche éclatante.

Au onzième et au douzième siècle, la France comme l'Italie ont répandu au dehors leurs forces vives. La France s'est jetée dans ce mouvement superbe des Croisades, elle a donné des Rois à Jérusalem et à Chypre, des ducs à Athènes, des Empereurs à Constantinople.

Son expansion en Europe eut toujours un but intellectuel. Notre esprit, dans ces temps féodaux, chevaleresques, religieux, exprima une civilisation toute bouillante de vie.

L'Italie a longtemps existé divisée en fragments, chacune des parcelles de l'immortel territoire ayant une vie d'autant plus intense qu'elle se développait plus librement. Sans cette variété prodigieuse de la vie politique du pays, l'histoire n'aurait sans doute jamais connu le génie toscan, le génie vénitien, le génie lombard, comme le génie des grandes villes, des grands esprits, des grands artistes, des grands navigateurs.

Traits d'union entre l'Orient et l'Occident, les villes célèbres de l'Italie perfectionnèrent les institutions commerciales: l'institution des consulats, le change, la banque. En France les banquiers s'appelaient les Lombards, et la monnaie italienne courait à travers toute l'Europe occidentale où l'on comptait par ducats véni-

tiens et génois ou par florins qui portaient
dans leur centre le gracieux et noble fleuron
de Florence, d'où leur nom si harmonieux.

Au début de son histoire l'Italie, ne l'oublions pas, forma une fédération de républiques
rurales, comme l'a si finement relevé un de vos
historiens. Et c'est cet instinct si supérieur de la
fédération, qui suppose toute préséance vidée,
qui laisse à chacun sa liberté intacte et entière,
son caractère, et les grandeurs de la race que
nous apercevons toujours tout au fond du génie
si prodigieusement varié de ce grand Peuple !

L'âme italienne a-t-elle été réellement jamais
guelfe, ou gibeline ? Elle a été avant tout cela
celle d'un Peuple qui veut son indépendance
et sa liberté !

De Dante à Pétrarque, à Léonard, à Mazzini, à Cavour, à Garibaldi, à D'Annunzio,
les grandes âmes de l'Italie transmirent à ce
pays, de siècle en siècle, l'Idée directrice, le
flambeau conducteur.

Ce furent le treizième, le quatorzième, le
quinzième siècles enfin, qui graduellement pré-
parèrent la Renaissance.

Or, pendant ces époques de civilisation latine intense, que voyons nous là-bas dans les
brouillards de la Germanie, les chevaliers
teutoniques commencer leur sinistre besogne.

Ils portent un premier coup à la puissante et valeureuse Pologne, et commencent à forger dans l'ombre leurs armes pour réaliser ce rêve gigantesque d'écrasement du monde auquel ils espéraient aboutir aujourd'hui.

Pendant que la Germanie continuait sa destinée d'être perpétuellement l'Ombre, la lumière éclatante, éblouissante venait des peuples latins. L'Italie devenait le foyer de l'esprit, de l'art, de la science, et la France venait y rafraîchir son âme assoiffée d'idéal et de vérité.

Nous voyons les hordes germaniques toujours prêtes à dévaler en invasions furieuses, à descendre en torrent cherchant à tout détruire, à tout raser.

Mais que peut cette psychologie de brutes contre cette source inépuisable de tout art et de toute poésie qu'est l'Italie, dont l'âme pure, idéale, a résisté fièrement à tous les assauts des puissances infernales. C'est à travers les âges la lutte sans pitié des génies destructeurs, contre la beauté préservatrice de la race humaine.

Sous ce masque satanique de l'organisation militaire, qui n'a en vue que le pillage des pays d'autrui, s'est développé lentement, et avec une puissance infernale, le plan germanique de destruction.

Ce sont toujours les mêmes bandes teuton-
nes, sombrement jalouses de la supériorité latine, cherchant à s'installer sournoisement, en
plantes parasites, sur les rives merveilleuses
des mers d'azur qui baignent les côtes de l'Italie, essayant de tarir jusque dans sa source,
sa puissance morale supérieure.

C'est toujours ces barbares envahissant les
terres de France, pour arracher de son sol
cette race indomptable, arbre de vie, dont les
branches puissantes, infinies, couvrent le monde.
Mais il est destiné au contraire à absorber cette
barbarie toujours renaissante, comme jadis les
Gallo-Romains absorbèrent les Francs !

Toujours à l'assaut de la civilisation latine,
ces Prussiens, restés au fond de moeurs asia-
tiques, ont cherché sans trève à construire et
à jeter en travers de l'Europe ce que j'ai ap-
pelé cette muraille germano-mongole, à l'armature infernale, destinée dans leur politique
de domination, à voir s'écraser contre elle toute
résistance. Ce qu'ils voulaient, dans leur orgueil exaspéré, c'est asservir les esprits par la
violence et la terreur !

Mais nos peuples latins se sont toujours res-
saisis à temps. De même civilisation, de même
idéal, ils se sont soulevés, ils ont toujours vail-
lament lutté, brandissant leur épée lumineuse,
aidés par celles de tous les séraphins du ciel,
afin d'éviter à l'humanité l'abîme vers lequel
on l'entraînait.

Laissez-moi toucher en passant quelques caractéristiques de nos peuples latins, qui montrent à quel point ils diffèrent des peuples germaniques.

Avez-vous jamais observé ce qu'il y a de sublime dans les traits concentrés de votre grand poète Dante et dans ceux plus énigmatiques encore de cet autre grand esprit Léonard de Vinci!

Dans l'intensité de leurs regards, la profondeur de la pensée, la lumière du génie jaillissent de ces yeux de feu. On peu y lire toute l'âme d'une Nation!

Si vous regardez ensuite la figure de notre grand Dèscartes, ou celle d'un Pascal, vous verrez dans leur yeux, ces fenêtres de l'âme comme les appelait Léonard, cette même profondeur, et dans le regard cette même lumière, ce même génie! Et vous observerez aussi l'expression la plus parfaite de la force, de la volonté, unie à la plus grande douceur.

Ne penserez-vous pas, comme moi, que dans le regard de ces hommes presque surhumains, se reflète parfois majestueuse la grandeur de toute une race! C'est l'âme des peuples latins, ruisselante de beauté et de lumière, de vérité et de liberté, qui resplendit dans les regards de ces héros de la Pensée.

Comment venir alors juger les peuples de France et d'Italie, comme on a osé le faire trop souvent, et encore à la veille de la guerre, sur l'apparence extérieure, sur cette vie si libre, si vivante, toute en dehors à force de simplicité, de loyauté, de générosité, et avoir eu l'audace et le cynisme de la taxer de superficielle et de légère.

Ah! comme il se bat bien, ce Peuple léger de France, lorsqu'il écrase l'ennemi de sa race, sur la Marne, sur l'Yser, en Champagne, en Artois, sur la Somme et dans les forteresses de Verdun! Comme ils savent mourir en héros, nos fils, le sourire aux lèvres et souvent, héroïsme inexprimable, la plaisanterie à la bouche!

Comme il font bien chanter la poudre ceux que les barbares de la Teutonie païenne traitaient avec dédain de « mandolinistes », il y a quelques mois encore! Et comme ils sont héroïques· jusqu'aux plus hauts sommets des Alpes ceux des armées du Trentin, comme ceux de l'Isonzo, qui poursuivent leurs victoires avec l'entrain et l'esprit de la race latine, ces Italiens passionnés de liberté, pour lesquels ces lourdes hordes du Nord n'avaient que des quolibets et du mépris!

Qu'elle disparaisse à jamais la légende de la dégénérescence des races latines!

Forgée de toutes pièces par les sauvages qui
dévastent l'Europe, parce qu'elle ne sert que
trop bien leur politique abjecte de désagréga-
tion, et leur haine impuissante de brutes, elle
a disparu à tout jamais dans les plaines cata-
launiques où ont été écrasées et anéanties les
hordes du moderne Attila !

Première victoire de la plus grande guerre
du monde ! Et c'est la France, la plus haute
expression de la civilisation latine, qui l'a rem-
portée sur la barbarie germanique !

A cette victoire éclatante sont venues se
joindre ensuite toutes celles admirables qui
ont suivi, et dont celles du Trentin, celles de
l'Isonzo, celles du Carso, où meurent tous vos
braves pour le salut et la grandeur des peuples latins, sont parmi les plus belles !

Pour connaître une Nation il faut savoir se
pencher sur le Peuple, s'arrêter pour le con-
templer dans son existence passée, comme dans
celle présente, l'étudier, le voir vivre, scruter
les physionomies, sonder les regards, s'intéres-
ser à la vie quotidienne.

La France inconnue de l'étranger comme
d'elle même, mais c'est là le secret de sa force,
c'est là qu'elle puise son inépuisable et éter-
nelle jeunesse !

C'est dans l'effort tenace, dans le labeur obs-

cur de tous les jours, dans la silencieuse vie
de son peuple sincère, loyal, désintéressé, chevaleresque, vivant loin du bruit factice de la
politique, de la vanité, des honneurs faciles,
que la France a toujours retrempé son éner-
gie et sa puissance dans les heures graves de
ses destinées.

Et si l'on cherche à établir ce qui fait l'ir-
résistible attrait du Peuple Français, c'est qu'il
est, par excellence, celui où l'on sait vivre et
durer avec une abnégation de toutes les heures, mêlée à une fièvre des questions qui in-
téressent l'humanité entière. C'est cette passion
chevaleresque pour les faibles et les opprimés
qui l'entraîne, malgré lui, bien loin de ses li-
mites nationales.

Et c'est pour cela que sa Pensée libératrice
a servi de guide au monde.

L'Italie, elle, soeur géniale de la France, est
comme l'abeille laborieuse et discrète, qui bu-
tine à toutes les fleurs pour y trouver le suc
de son miel savoureux, miel divin dont s'est
nourrie l'humanité tout entière !

Née de la splendeur et de la puissance de
Rome, mère de Florence, de Venise, de Gênes, de Milan, de Padoue, de Vérone, de Pise,
de Lucques, et de tant d'autres républiques,
ayant possédé le monde par le dévéloppement

de son art, de sa richesse, de sa beauté, et de son commerce, elle est comme ces aristocraties véritables qui n'ont pas besoin de prouver leur origine pour se faire respecter : elle est l'Italie, et cela suffit !

Comparez le grouillement de vie et de Pensée de la foule française avec celui de la foule italienne, et vous serez frappé par les mêmes caractéristiques. Vie quotidienne faite du labeur, de la ténacité, du courage des hommes, de la sagesse méthodique, de l'économie, de l'activité silencieuses des femmes. Ceux qui se sont doutés de l'éternel réservoir de vertu et de grandeur que sont les peuples latins, peuvent seuls comprendre les raisons profondes et persistantes de leur action civilisatrice dans le monde.

La femme française et la femme italienne ! Que de vertus héroïques chez ces deux grandes sœurs latines ! Que n'ont-elles pas montré de bravoure silencieuse et digne dans cette guerre, ces mères, ces épouses, ces filles, ces sœurs !

La femme latine, gardienne de la paix et de l'honneur du foyer, comme elle est supérieure dans cette guerre à la femme teutonne.

Chez nos ennemis la femme a personnifié l'orgueil le plus révoltant, les sentiments les plus sauvages, la cruauté la plus atroce. C'est elle, la silencieuse coupable, qui a rendu l'homme implacablement féroce, qui applaudissait froidement à toutes les barbaries, aux inventions les plus diaboliques, aux actes les plus sataniques contre des populations civiles innocentes.

Vous connaissez ce mot qui dégrade une race, d'une jeune allemande, installée dans une des plus belles villas des environs de Florence, que possédaient ses parents, et qui au moment où il fallut partir, elle qui avait été reçue en amie partout, pendant de longues années, avec cette large et délicate hospitalité florentine, disait: « Je reviendrai ici avec mes soldats et mes canons ! ».

Nos femmes, au contraire, à côté du plus sublime courage, ont joint la plus admirable charité.

Et d'où vient cette supériorité des races latines sur les races germaniques ? Elle vient de toutes les traditions chrétiennes de leur histoire, de tout le passé de travail, de générosité, d'amour, et de beauté, de ces deux grands Peuples, l'Italie et la France.

Elle vous a été léguée par l'âme d'un St. François d'Assise, d'un Dante, d'un Pétrarque, d'un Léonard.

Elle nous a été transmise par la Pensée d'un

St. Louis, d'un Descartes, d'un Pascal, d'un Corneille, par toute cette pléïade d'âmes hautes et sublimes, qui ont insufflé aux générations la passion de la charité, de l'héroïsme, de la beauté, de l'esprit et de la raison qui font la vraie gloire et la vraie grandeur à travers l'histoire.

Et si je passais ensuite du domaine de l'Idée au domaine de l'action, combien n'en citerai-je pas, Messieurs, de ces nom glorieux ? Un seul suffira, il est presque d'aujourd'hui, ce grand génie latin, Napoléon I, fils de cette Corse toute imprégnée d'Italie. Il voulut l'Italie grande, puissante, unie, avec ses frontières naturelles et toujours alliée à la France. Et, comme par un coup de baguette magique, il éveilla en elle le sentiment national endormi et lui donna l'impulsion impétueuse de la liberté ! C'est Napoléon qui a promené à travers l'Europe le drapeau tricolore de la libération des Peuples, qui flotta ensuite glorieusement sur ce pays à l'heure des Victor-Emmanuel, des Napoléon III, des Cavour, des Mazzini, des Garibaldi.

C'est tout ce passé frémissant de gloire de ces grands hommes qui nous revient à l'esprit, car c'est eux qui ont rallumé le flambeau national par leurs paroles enflammées, par leurs actes courageux et chevaleresques, sur cette terre d'Italie, berceau du génie humain !

❧ ❧ ❧

Actuellement la lutte entamée par l'Italie
avec un courage indomptable dans ces massifs
des Alpes qui abritent les plus valeureuses populations italiennes, attendant depuis des siècles leur libération, a déjà inscrit dans l'Histoire des pages admirables !

L'Isonzo et le Trentin, où suivant les vers
de Carducci : « Semble qu'attende le Dante »
sont maintenant l'Italie !

Votre armée héroïque s'est déja emparée des
cinq portes, que les accords funestes de 1866,
œuvre occulte du plus grand ennemi des Latins, la Prusse, ouvraient toutes grandes à l'invasion de la Lombardie et de la Vénétie.

A cette heure l'Italie commande le Stelvio,
la vallée de l'Adige, la route du Brenner ; par
les Dolomites, Cortina, le Col du Monte Nero
elle tient la haute vallée de la Drave. Et qui
sait si avec l'effort de tous les Alliés réunis,
par le Col de Tarvis elle ne tiendra pas la
route de Vienne !

**Vous savez tous ce qui en est des approches
des armées italiennes vers cette mer Adriatique,
vers cette Italie Nouvelle !**

Cette mer l'a fait tant souffrir !

**L'Italie voyait ses intérêts sacrés les plus es-
sentiels étouffés violemment par la politique ger-**

mano-autrichienne, du plus âpre et révoltant égoïsme.

Avèc une persévérance admirable elle n'a jamais consenti, malgré tous les Traités diplomatiques qui lui ont été imposés par des circonstances dont elle n'était pas, la plupart du temps, responsable, à abandonnner aucune des revendications vitales devant assurer un jour définitivement sa sécurité Nationale !

Ce jour est arrivé enfin !

La grande Italie de demain veut la pacification de l'Adriatique, une des garanties de la paix du Monde.

Elle veut que la mer qui la sépare des Balcans, ne soit plus une mer de pièges et d'embûches pour elle, mais une mer commerciale, dont elle assurera à tous la pleine liberté, sauf aux empires barbares qui l'ont déshonorée à travers sa longue et sinistre histoire.

La côte italienne de l'Adriatique a toujours été exposée, sans aucunes défenses possibles, aux attaques les plus perfides.

La côte orientale au contraire, par le nombre énorme de ses îles, de ses golfes, de ses ports naturels, appuyés à de puissantes chaînes de montagnes, est comme une gigantesque forteresse ininterrompue, se dressant formidable contre l'Italie.

Tous les ports italiens étaient ouverts devant l'Autriche, tandis que cette dernière avait tous les siens puissamment vérouillés.

Si dans cette guerre l'âme italienne s'est dressée contre les barbares, si elle a eu ses martyrs de la pensée qui ont succombé glorieusement, son but suprême aujourd'hui est d'élever de telles barrières contre les agresseurs séculaires de son territoire, contre ceux qui ont vainement cherché à enchaîner ses libertés, qu'il ne sera plus possible, de n'importe quelle partie de la côte orientale de l'Adriatique, de dévaster jamais plus ce pays de haute civilisation qui s'appelle l'Italie !

Cette barrière ce sera toute la mer Adriatique elle-même.

L'Italie doit en posséder les défenses naturelles, les îles, les ports qui l'ont jusqu'ici menacés, et qui deviendront les points stratégiques de sa puissance rayonnante.

La flotte italienne deviendra ainsi la pacificatrice automatique et définitive de cette mer qui, depuis trois mille ans, a vu ses riverains se combattre sans pitié.

Si l'Adriatique redevenait jamais une mer allemande, l'Italie retomberait à son plus sombre passé.

Cela l'Italie ne le permettra plus jamais, car une lumière nouvelle se lève lentement sur l'Europe. Et cette fois-ci tous les peuples civilisés, qui se sont levés contre les barbares, ont enfin avec eux pour appuyer le Droit, la Force. Ils seront écrasés, car voici venir le Jour de la Victoire!

Et comme l'a dit le **Poète** :

Dans des Combats géants, sombrent leurs aigles noirs,

 Peuples latins chantez, chantez, voici le Jour!

❀ ❀ ❀

On s'oublierait volontiers dans ces questions si attachantes, si passionnantes des rives de l'Adriatique, mais il nous faut aborder, en quelques mots, celles non moins importantes, je veux parler des questions d'intérêts.

Elles sont l'armature puissante qui sert de support à la solidité et à l'intimité des rapports entre grandes nations civilisées.

Avec les barbares du Nord les relations économiques deviennent fatalement de lourdes charges, car la ruse, et toujours ce calcul infernal de vouloir tout dominer et tout absorber, en sont l'essence.

Les méthodes employées ont revêtu dans ce pays les formes les plus diverses et les plus inattendues.

Vous savez comment dans certains cas ils s'y prenaient pour faire naître une industrie en ce pays confiant et loyal, la rendre florissante par les crédits accordés, puis un beau jour coupant ces crédits, et retirant leurs capitaux, pour la précipiter dans la faillite ou s'en emparer à vil prix. Dans d'autres cas les capitaux allemands en Italie servaient tout simplement d'amorce aux entreprises. Aussitôt l'entreprise debout le capital allemand disparaissait comme par enchantement, mais la direction restait d'une manière plus ou moins occulte dans la main des Allemands.

Entre Peuples civilisés les relations d'intérêts établissent, au contraire, peu à peu des rapports d'amitiés solides et durables.

L'union fraternelle de la France et de l'Italie de demain, présente des problèmes économiques de tous ordres dont je voudrais pouvoir encore vous exposer les grandes lignes. Le sujet est trop vaste, même devant l'auditoire d'élite que j'ai devant les yeux, pour tenter seulement de l'aborder sans lacunes.

Ce qu'il importe c'est que des deux côtés des Alpes nous soyons des hommes de réalisation. Nous devons établir, pour un sûr avenir économique, nos accords et nos échanges en les fondant dès maintenant sur « des bases granitiques », comme l'a si bien exprimé ces jours-ci un de vos éminents hommes d'Etat.

Jetons un rapide coup d'œil sur nos relations commerciales. Vous excuserez un statisticien de vous citer à ce sujet quelques chiffres! Je serai bref.

En 1881, la France importait en Italie pour 330 millions de francs de marchandises, soit 25 $^0\!/_0$ environ des importations totales italiennes, et l'Allemagne pour 70 millions seulement soit 5 $^1\!/_2$ $^0\!/_0$. L'Italie, de son côté, importait en France pour 520 millions soit 40 $^0\!/_0$ environ de ses exportations totales, et en Allemagne pour 70 millions, soit 5 $^0\!/_0$ seulement.

La rupture de 1887 survient, et aussitôt la nouvelle orientation politique eut une répercussion profonde dans le domaine économique. La France, cette année-là n'importe plus en Italie que pour 159 millions, soit 14 $^0\!/_0$ des importations totales italiennes et ne reçoit plus d'Italie que pour 170 millions soit un peu moins de 20 $^0\!/_0$ de ses exportations totales. Cette période fut pour l'Italie une époque de dépression économique profonde.

Douze ans après, l'accord de 1898, qui fut une date heureuse dans notre histoire commune, marquait enfin le point de départ pour l'Italie d'un développement économique splendide. Les progrès furent rapides. La France en 1910 importait en Italie pour 358 millions et l'Italie en 1913 pour 230 millions.

Le commerce total de l'Italie, d'importation et d'exportation réunies, de 2.616 millions en 1898 passait successivement en 1903 à 3.306 millions avec 26 $^0|_0$ d'augmentation sur 1898. En 1908 à 4.842 millions avec 85 $^0|_0$ d'augmentation sur 1898. En 1913 enfin au chiffre de 6 milliards 158 millions, avec une augmentation de 135 $^0|_0$ sur 1898.

Dans ces chiffres quelle est la part de l'Autriche et de l'Allemagne ?

Pour l'Autriche ses importations en Italie restent stationnaires. En 1913 elles étaient de 88 millions environ, soit 2 $^1|_2$ $^0|_0$ des importations totales italiennes. Les exportations d'Italie en Autriche s'élèvent au contraire rapidement. En 1906 l'Autriche est le premier client de l'Italie pour 360 millions et voit ce chiffre s'abaisser progressivement, après la fermeture du marché aux vins italiens en 1913, à 200 millions, soit 8 $^0|_0$ environ des exportations totales.

Quant à l'Allemagne vous savez tous ce qui en est. Les importations d'Allemagne en Italie par la fameuse ligne du Gothard, dont on a tant parlé, – on n'en parlera jamais assez, – ont suivi une ligne ascensionnelle, dont voici

4

les étapes : en 1897, 160 millions ; en 1900, 200 millions ; en 1907, 525 millions ; en 1912, 623 millions !

C'était l'inondation, par un fleuve, assez mal marqué sur les cartes, et qui se nomme le Saint-Gothard. On dit que c'est une montagne, ce doit être une erreur !

Quant aux exportations d'Italie en Allemagne en voici les chiffres : en 1895, 160 millions ; en 1902, 240 millions ; en 1907, 300 millions ; en 1913, 340 millions !

Sur le chiffre total du commerce italien en 1913 l'Allemagne et l'Autriche en absorbaient plus de 20 $^0/_0$, importations et exportations comprises.

Vous voyez l'importance des relations économiques de l'Italie avec ses ennemis aujourd'hui les plus acharnés : l'Autriche et l'Allemagne.

✥ ✥

Dans son désir violent de domination, l'Allemagne avait compris l'importance de forger des armes économiques redoutables. Son plan était serré, sa politique commerciale en porte les ineffaçables stigmates.

Dans son égoïste et âpre politique commerciale l'Allemagne a cherché, avant tout, à n'extraire de l'Italie que les matières premières qui lui faisaient absolument défaut et qu'elle ne pouvait trouver moins cher autre part. Par leur transformation en Allemagne ces matières lui procuraient à la fois un travail important pour sa main-d'œuvre ouvrière, et de larges bénéfices dans la vente des produits manufacturés où elles entraient. En enrichissant ses nationaux, l'Allemagne apauvrissait ainsi le pays, en retirant au travail national italien le bénéfice qu'il aurait pu en retirer lui-même. L'Allemagne était donc l'ennemi occulte de tout développement économique sincère et large de l'Italie.

En dehors du charbon et de la fonte, l'Allemagne vendait surtout à l'Italie, en plus de ce qu'elle lui transmettait par transit, la plus grande quantité possible de ses produits manufacturés, en vue de faire bénéficier toujours la main-d'œuvre allemande.

Les chiffres toujours un peu abstraits des statistiques, ne peuvent faire comprende à quel point le bénéfice devenait grand pour l'Allemagne en achetant en Italie ses matières premières et en lui vendant en proportion énorme ses produits fabriqués. En gardant jalousement pour elle ses vivres et ses matières premières, elle n'avait en vue que tout ce qui pouvait favoriser l'augmentation de travail pour sa population ouvrière. En douze ans, dans la période de 1900 à 1912, on voit en effet ses importations de produits alimentairés de 36 $^0/_0$ de son chiffre total, tomber en 1913 à 27 $^0/_0$, malgré l'augmentation d'un dixième de sa population.

Quant aux exportations de denrées alimentaires elle n'étaient plus en 1913 que de 8 $^0|_0$ comprenant surtout des bières, des vins et des conserves.

Quant aux matières premières la constatation est plus frappante encore, les importations ne cessent d'augmenter et atteignent à la veille de la guerre près de 50 $^0|_0$ du total. C'était une des preuves, – insuffisament mise en lumière, disons-le en passant, – de ses armements prodigieux de terre et de mer.

Le résultat fut l'énorme exportation des produits fabriqués qui, par toutes les frontières d'Allemagne, allaient inonder le monde. Elles atteignaient, à la veille de la guerre, 67 $^0|_0$ du total des exportations allemandes, tandis que les importations n'atteignaient pas 20 $^0|_0$.

Les relations de l'Italie avec ses clients traduisent les événements économiques qui dominent pendant la dernière période son histoire.

De 1880 à 1900 l'Italie reste à peu près exclusivement un pays agricole. Le vin, ce produit incertain soumis aux variations de la nature autant que de la politique douanière, subit la crise de 1887, puis une nouvelle crise, quand le marché de l'Autriche se ferma.

En 1900, le mouvement industriel italien commence à se développer avec ampleur jusqu'en 1911; l'Italie s'arme, s'outille et s'industrialise. Aujourd'hui, nous Français, nous pouvons dire avec assurance et joie, que l'Italie est à l'aube d'un développement économique qui s'annonce splendide, si elle se dégage résolûment de l'emprise germanique qui s'était faite particulièrement étouffante ces toutes dernières années.

☷ ☷

Nous aurions voulu entrer sur ce sujet dans quelques détails encore si le temps nous l'avait permis. Qu'il nous suffise de résumer dans ses grands traits les conclusions qui s'imposent:

L'Italie a été pour l'Allemagne un marché infiniment plus précieux que l'Allemagne ne l'a été pour l'Italie.

L'Italie, dans les traités de commerce qui lui étaient proposés par ses Alliés fut toujours lésée par des arrangements de caractère léonin, qui ne lui laissaient qu'un rôle de ravitailleur pour les produits que l'Allemagne et l'Autriche ne pouvaient trouver à bon compte ni chez eux, ni ailleurs.

L'Italie devient une Nation industrielle. D'un grand coup d'épaule elle saura se débarrasser de l'ennemi qu'a toujours été à travers les siècles de son histoire: l'Allemand.

Sa période d'armement et d'outillage ne pouvait durer éternellement pour le plus grand profit de son Alliée perfide.

L'Italie est entrée en guerre au moment psychologique où la tutelle allemande menaçait de se transformer en un écrasant servage. Cela, elle ne l'a pas voulu, et c'est un des traits splendides de l'Italie nouvelle qui ouvre une page glorieuse à l'histoire de la Nation.

✿✿

L'Italie est aujourd'hui libre de tous Traités avec ses anciens Alliés. Son Traité de commerce du 3 décembre 1904 avec l'Allemagne est tombé, comme conséquence de sa déclaration de guerre du mois d'août 1916.

La France, d'autre part, a déchiré le Traité de Francfort. Elle n'a plus cette clause qui la rivait à son ennemie séculaire : cette clause de la Nation la plus favorisée qui, si elle l'a préservée pendant un demi-siècle de certains périls, présentait à certains égards des dangers évidents. La France peut traiter librement avec ses amis, sans voir l'ennemi implacable de sa race en profiter aussitôt.

Messieurs, un monde nouveau commence. C'est à nous peuples latins, d'en comprendre les premiers l'importance, en unissant nos intérêts dans tout et partout.

Les mesures que nous devons prendre pour nous assurer la plus large place, dès maintenant, sur l'ensemble des marchés du monde et faciliter l'organisation d'un régime permanent, consacrant notre alliance entre nous, peuples latins, et nos Alliés, comporte trois étapes successives:

La première, les mesures à prendre en temps de guerre ; la seconde celles applicables à la période de reconstitution agricole, industrielle, commerciale, financière, ferrovière et maritime, de nos différents pays ; la troisième, enfin, les mesures permanentes d'entr'aide et de collaboration entre Alliés.

Coordonner toutes nos forces en vue d'une complète unité économique, c'est là le but suprême de nos efforts.

Les forces économiques de nos grands pays ont besoin de marcher entièrement ensemble pour faire face aux problèmes extrêmement complexes qu'il faudra résoudre après la guerre. Les charges considérables que la guerre laissera à chacun de nos peuples, avant de sentir le lent allègement que produiront les annuités qui nous seront payées par nos ennemis, nécessiteront une politique d'ensemble unifiant notre marche en avant.

La réorganisation économique de nos pays, après la guerre, sera profonde et touchera à toutes les sources de nos activités nationales.

Une nouvelle conception devra naître, par l'évolution rationnelle de nos organismes productifs et administratifs. Elle accentuera les bouleversements nécessaires pour chaque pays, principalement dans le domaine agricole, en vue de chercher à se suffire dans toute la mesure du possible. Dans ce but la rénovation des méthodes trop primitives de cultures, le développement intensif de toutes les richesses naturelles des contrées, en premier lieu la captation de toutes les forces hydrauliques, le développement de toutes les voies navigables, la création de nouvelles voies fluviales indispensables, en sera une des conséquences les plus immédiates.

Les forces ferrovières, postales, télégraphiques, téléphoniques, de télégraphie sans fils, devront marcher de pair avec les forces maritimes, considérablement développées par de vastes contrats entre Alliés, consolidant la formation idéale d'une sorte d' « Empire Latin » marchant côte à côte avec l' « Empire Britannique, » reliant les uns aux autres, d'une façon ininterrompue, tous les pays restés fidèles à notre génie. Nous verrons ainsi la France, l'Italie, l'Espagne, marcher d'accord et soutenir la grande Serbie, la Roumanie, la Pologne, et en Asie Mineure l'Arménie, nation civilisatrice, prête demain à réorganiser les pays dévastés par la barbarie Ottomane.

Pour resserrer en particulier les liens entre la France et l'Italie, dans un domaine qui a son importance, et qui peut être favorisé par des moyens plus automatiques encore, nous devons :

1.° Avoir les lettres et correspondances qui franchissent les Alpes entre l'Italie et la France et vice-versa à un tarif réduit de fr. 0.15 au lieu du tarif actuel de fr. 0,25.

2.° Les lignes télégraphiques et les lignes téléphoniques, qui doivent être établies en grand nombre entre nos pays, doivent voir abaisser considérablement leurs tarifs.

3.° Les services des colis postaux, – moyen si efficace d'encourager toutes les petites industries et souvent d'en faire naître de grandes, – doivent comprendre non seulement les colis de cinq et dix kilogs., mais s'étendre à ceux de quinze et vingt kilogs. L'importance de ce moyen précieux d'envoi doit être considérablement accru. Les tarifs doivent être aussi réduits que possible ainsi que les délais de parcours ramenés à leur durée minimum.

On ne peut assez encourager ces méthodes pratiques, rapides, et si démocratiques de transports, en ne cessant d'abaisser les barrières qui s'apellent les tarifs de transports.

⚕ ⚕

Dans le haut domaine de la pensée, nos langues doivent mutuellement être officiellement enseignées dans nos deux pays. L'Enseignement secondaire et l'Enseignement supérieur doivent voir développer ce qui est déjà si avancé ici, le Français en Italie et l'Italien en France, comme langue obligatoire dans les programmes d'examen.

L'échange des Etudiants et Etudiantes, – pourquoi toujours oublier la femme, ce que nous avons de meilleur, – entre nos Universités, ne doit pas être seulement autorisé, mais organisé officiellement.

Nos professeurs, nos hommes de science, nos artistes, doivent dans ce domaine montrer également leur désir ardent de nous aider dans ce rapprochement intime de nos deux peuples, en créant, comme pour les puissantes Institutions de Crédit et de Banque, des Sociétés ayant à la fois un siège social en France et un siège social en Italie.

. L'échange officiel de tous nos livres, de tous nos périodiques, doit également être organisé,

sur la plus vaste échelle, par nos Ministres
compétents.

Nos forces d'instruction populaire, nos forces intellectuelles, comme nos forces scientifi-
ques et artistiques, doivent avoir entre la France
et l'Italie la même pénétration que nos forces
industrielles, nos forces commerciales et notre
trafic de terre et de mer.

Et tout ce travail de collaboration intense
doit dans l'avenir viser avant tout à ce but
suprême de tout bon gouvernement : ne pas
augmenter pour les masses le coût de la vie.
La vie à bon marché de nos peuples, doit de-
venir la préoccupation dominante de nos Hommes d'Etat, de nos agriculteurs, de nos indus-
triels, de nos commerçants, comme de ceux
chargés, à un titre quelconque, dans nos pays
d'un pouvoir législatif, exécutif ou administra-
tif. Demain la vie à bas prix ne sera plus
l'accessoire pour la politique démocratique dans
le monde, mais ce sera le facteur par excellence de pacification des peuples.

Voici enfin un élément capital de rapprochement entre nos deux Nations : le Journal !

Le Journal est, en effet, l'instrument de dif-
fusion par excellence de la pensée dans les
esprits et les intelligences. Il peut beaucoup
pour le rapprochement entre les peuples. Et

dans ce but le Journal en deux langues, avec
la reproduction en français et en italien, sur
deux colonnes parallèles de toutes nouvelles ou
articles, peut plus faire pour le développement,
pour ainsi dire automatique, de nos rapports,
que bien d'autres mesures en apparence plus
immédiates et plus savantes. Tout ce qui en
effet ne reste pas confiné à une élite, mais at-
teint les foules dans leurs couches profondes,
doit être employé avec une inlassable persévérance.

Un dernier détail encore : le goût italien,
dans tous les domaines, pourquoi ne collabo-
rerait-il pas davantage avec le goût français ?
Dans les modes où nous Français avons un
renom universel, nous pensons, à juste titre,
que la collaboration du goût italien nous aurait évité les excentricités de toilette que la
mode de Paris a, ces dernières années, imposé.

Que diraient mes gracieuses auditrices, dont
le charme a donné à cette conférence un par-
fum si particulier empreint de cette finesse
toute florentine qui est une des plus subtiles
beautés de votre pays, d'être appelées à donner à la mode de Paris quelques conseils avisés
et quelques indications délicates de modéra-
tion, dont elles seraient les premières à bénéficier ?

Je m'arrête, Mesdames, sur ce terrain que

vous pourriez trouver peut-être un peu en marge de nos considérations.

Mais les modes n'ont-elles pas quelquefois été mêlées même aux événements les plus tragiques de l'Histoire? Et les femmes de la Noblesse française ne conservaient-elles pas, même pendant la Révolution, toute la grâce de leur mise jusqu'au fond de leurs plus obscurs cachots, jusque sur l'échafaud !

❀ ❀

Il est temps de m'arrêter, Messieurs, dans cet aperçu rapide que j'ai voulu mettre sous vos yeux.

J'ai essayé de montrer, en un trop rapide tableau, l'importance pour l'avenir des relations étroites à établir entre nos deux pays.

Il nous faut rechercher, dans les rapports qui doivent nous unir et reconstituer de nouveau, après une trop longue éclipse, l'inébranlable barrière latine, l'air pur, le large, les grands horizons. Il nous faut ressusciter l'âme des choses lointaines, faire revivre à nouveau notre histoire commune, avoir cet amour immense pour ces masses obscures et anonymes qui se sont sacrifiées sans hésiter pour créer nos grands pays. Il nous faut introduire partout la vie; il nous faut sentir, aimer avec une âme frémissante et ardente !

Nous devons réaliser avec fièvre les nécessités gigantesques de l'heure présente, et lever

bien haut sur les champs de batailles de nos
armées, sur les champs de batailles de nos intérêts, comme sur ceux plus sublimes de l'esprit et du cœur, cet étendard immaculé et glorieux de la puissance de la civilisation latine
qui, sous la poussée venimeuse de nos ennemis,
avait semblé s'abaisser ces dernières années.

Laissez-moi vous dire en finissant ces vers
d'un de nos fervents poètes, qui aime ardem-
ment et a le culte de la grande Italie, et qui
se trouve aujourd'hui parmi vous :

HYMNE À L'ITALIE !

Toi, dont le ciel est pur et dont la terre est belle,
    D'éternelles splendeurs,
Dont les ceps alourdis font crouler les tonnelles,
    De sève et de vigueur ;

Toi, qui répands partout en gerbes admirables,
    Des frissons de beauté,
Tu traces dans l'histoire, pages inoubliables,
    Des mots d'Eternité !

Fuyez, grands Aigles Noirs, la France et l'Italie,
    Unies dans l'amour,
Font des Peuples Latins éclater le Génie....
Tu peux jeter ton voile, ô Nuit, voici le Jour !

La France et l'Italie, lumières de la civilisation à travers l'histoire, sœurs latines sans
lesquelles l'Europe aurait cessé d'exister comme
centre vivant de l'esprit, de l'art, de la beauté ;

la France et l'Italie, la main dans la main,
côte à côte, unies dans le passé, unies dans le
présent, unies dans l'avenir, formeront le rem-
part de cet esprit latin et de cette civilisation
latine supérieure, qui s'opposera toujours à ce
que le monde puisse être plongé dans les ténèbres du matérialisme et être dominé par la
barbarie qui, ne l'oublions pas, est toujours
venue, du Nord!

Nous devons voir à travers l'Histoire de
la France et de l'Italie, ce duel séculaire de
l'esprit contre la matière, de la liberté contre
la fatalité, de la civilisation rayonnante contre
la barbarie devastatrice!

Et qu'elle est émouvante cette réponse d'un
volontaire italien, - presqu'un vieillard, - auquel on demandait ces jours-ci pourquoi il vou-
lait aller se battre à son âge : « **Pour que
l'Italie soit plus grande demain!** »

Elle résume le grand avenir qui vous attend
à cette heure, et que tout Français conscient des
destinées de l'Italie souhaite à votre noble pays.

La France et l'Italie, - Hier, - Aujourd'hui,
- Demain !

Mais c'était hier la grandeur de la pensée,
la lumière du génie !

C'est aujourd'hui, l'éclat de la plus admirable bravoure !

Ce sera demain, si nous le voulons fermement, le triomphe de la civilisation véritable, apogée de la grandeur latine, qui, après avoir vaincu les ennemis de la patrie commune, retournera à sa charue, c'est-à-dire à ses œuvres sublimes, toutes imprégnées du génie de la Liberté et du Progrès humain !

Je salue l'Italie des martyrs de la Pensée !

Je salue l'Italie des grands Esprits, des grands Artistes, des grands Précurseurs, des grands Patriotes !

Je salue respectueusement et avec admiration son Souverain, Sa Majesté le Roi d'Italie, qui depuis la première heure est là-bas au milieu de ses armées !

Je salue les héros qui sont déjà tombés, ceux qui tombent à cette heure, ceux qui tomberont demain !

Je salue l'héroïque armée italienne et sa vaillante marine !

Et je répète le cri le plus populaire aujourd'hui, qui est celui de toute la Nation française et de toute l'immortelle Armée française :

Vive l'Italie !

★

9 782016 159514